Dieses Buch gehört:

_____

Matthias von Bornstädt

HALVAR HAUT AB

Wickie und die starken Männer
Leseanfänger
1. Klasse
ab 6 Jahren

Klett Lerntraining

Bibliografische Information der Deutschen Nationalbibliothek
Die Deutsche Nationalbibliothek verzeichnet diese Publikation in der
Deutschen Nationalbibliografie; detaillierte bibliografische Daten sind
im Internet über http://dnb.dnb.de abrufbar.

Dieses Werk folgt der neuesten Rechtschreibung und Zeichensetzung.

1. Auflage 2017

© Studio 100 Animation/ASE Studios
™ Studio 100
www.studio100.com

Grafikhandbuch Wickie 3D: Jan Van Rijsselberge
Autorenhandbuch Wickie 3D: Alexandre Révérend

© PONS GmbH, Stöckachstraße 11, 70190 Stuttgart, 2017. Alle Rechte vorbehalten.
www.klett-lerntraining.de
Teamleiterin Grundschule und Kinderbuch: Susanne Schulz
Umschlaggestaltung und Layout: Sabine Kaufmann, Stuttgart
Redaktion: textstelle Eva Günkinger, Esslingen
Illustrationen: Julian Jordan, Luis-José Beltran, Iñigo Motxo/Comicon, Barcelona
Satz: tebitron gmbh, Gerlingen
Druck: Aumüller Druck GmbH & Co. KG, Regensburg
Bindung: Conzella Verlagsbuchbinderei Urban Meister GmbH & Co KG, Pfarrkirchen
Printed in Germany
ISBN 978-3-12-949331-1

Inhalt

Sturm auf hoher See	**4**
Halvar platzt der Kragen	**10**
Eine tückische Suche	**14**
Immer der Nase nach!	**22**
Starke Fragen für helle Köpfe	**28**
Lösungswort	**32**
Wickies Lesepass	**33**

Sturm auf hoher See

Wieder einmal sind die Wikinger
auf großer Beutefahrt.
Doch wohin sie auch schauen:
Kein Dorf und kein Schiff
zum Ausrauben sind in Sicht!

„Hmm", überlegt Wickie,
„vielleicht sollten wir
besser den Kurs ändern?"
„Hoho, Quatsch!", lacht Halvar.
„Unser Kurs ist goldrichtig.
Ein Anführer spürt so etwas."

Eine halbe Stunde später
ruft Gorm vom Ausguck:
„Männer! Ich sehe dunkle Wolken
am Horizont aufziehen.
Das wird ein böses Unwetter ...
Lasst uns lieber umkehren!"

Erneut winkt Halvar ab.
„Unsinn! So ein paar Wölkchen
können uns nichts anhaben."
Aber Gorm behält recht:
Das Wikingerschiff gerät
in einen wütenden Sturm.

Ächzend kämpfen sich die Männer
durch die Wellen nach Hause.
Als sie endlich ankommen,
sind sie nass bis auf die Knochen
und schlecht gelaunt.

„Das ist alles Halvars Schuld.
Hätte er bloß auf mich gehört",
grummelt Gorm leise.
Halvar hört es dennoch
und brummt trotzig
in seinen Bart.

Halvar platzt der Kragen

Später beim Abendbrot
tuscheln die Männer weiter –
natürlich über ihren Anführer.
Halvar hält eine Weile still.

Doch dann haut er auf den Tisch
und brüllt: „Wenn ihr glaubt,
ihr kommt ohne mich besser klar,
bitte schön! Viel Glück!"
Damit dreht sich Halvar um
und stapft zornig nach draußen.

Die anderen Wikinger
bleiben verdattert zurück.
Snorre will Halvar nachlaufen,
aber Wickie sagt beruhigend:
„Bestimmt hat er sich nur
in unsere Hütte verzogen."

Doch als Wickie heimkommt,
muss er feststellen:
Sein Vater ist nicht da.
Und auch sonst im Dorf
fehlt jede Spur von ihm.
Halvar ist verschwunden!

Eine tückische Suche

Die Wikinger sind sich einig:
Sie müssen ihren Chef suchen!
Doch an diesem Abend
ist es dafür schon zu dunkel.

Also brechen die Männer
früh am nächsten Morgen auf.
Das Schiff ist noch da.
Deshalb glauben sie, dass Halvar
ins Landesinnere gezogen ist.
Ob er sich im Wald versteckt?

„Halvar! Haaalvaaar!",
rufen die Männer im Chor,
als sie durch den Wald laufen.
Niemand antwortet.

Erst als die Wikinger
an einer Höhle vorbeikommen,
hören sie ein Schnarchen.
„Das muss er sein!", hofft Faxe.

Zaghaft tappt die Truppe
ins Dunkel der Höhle.
„Ha-Halvar?", flüstert Snorre.
Das Schnarchen verstummt
und ein Knurren ertönt.

Im nächsten Augenblick
erhebt sich ein großer Schatten.
„Oh nein – ein Bär!",
ruft Wickie erschrocken.
Hals über Kopf fliehen alle
vor dem wilden Tier ins Freie.

Den ganzen Tag durchkämmen
die Wikinger den Wald
auf der Suche nach Halvar.
Doch der bleibt verschwunden.
Und langsam wird es dunkel ...

„Puh, mein Bauch knurrt lauter
als der Bär vorhin", seufzt Faxe.
Da horcht Wickie auf.
Er grübelt kurz, dann ruft er:
„Ha! Ich hab's! Jetzt weiß ich,
wie wir Vater finden!"

Immer der Nase nach!

Inzwischen hat Halvar
hinter einem hohen Felsen
sein Zelt aufgeschlagen.
„Hoffentlich kann ich schlafen",
murmelt er vor sich hin.
„Mit so einem leeren Magen …"

Doch nanu – was ist das?
Halvar schnüffelt neugierig.
Ein köstlicher Geruch steigt
in die Nase des Wikingerchefs.

„Das riecht ja wie ein Festmahl!",
freut sich Halvar.
Schnuppernd folgt er dem Duft
bis zu einer Lichtung.
Dort brutzelt ein saftiger Braten.
Und kein Mensch ist zu sehen!

Begeistert stürmt Halvar
auf den leckeren Braten zu.
Doch ehe er abbeißen kann,
springt seine ganze Mannschaft
aus dem Gebüsch.
Alle rufen laut: „Überraschung!"

Halvar ist richtig gerührt.
„Komm wieder mit ins Dorf",
bittet Gorm ihn feierlich.
„Du bist nicht ganz perfekt,
aber trotzdem der beste Chef,
den wir jemals hatten!"

Und Halvar? Der stimmt
mit einem breiten Grinsen zu.
„Aber erst wird geschlemmt!",
ordnet der Wikingerchef an.
„Mit der tollsten Truppe der Welt!"

Starke Fragen für helle Köpfe

1 Zu Beginn der Geschichte sind die starken Männer auf …

- F ☐ … Urlaubsfahrt.
- G ☐ … Klassenfahrt.
- M ☐ … Beutefahrt.

2 Halvar findet den eingeschlagenen Kurs …

- A ☐ … goldrichtig.
- D ☐ … goldig.
- R ☐ … Gold wert.

 **Wieso kehren die Männer nicht um, als der Sturm aufzieht?**

U ☐ Weil Gorm den Sturm erst zu spät bemerkt.

N ☐ Weil Halvar Gorms Warnung nicht ernst nimmt.

S ☐ Weil Wickie es ihnen rät.

 **Wie fühlt sich Halvar, als seine Männer über ihn tuscheln?**

N ☐ Er ist beleidigt.

O ☐ Er schämt sich.

P ☐ Es ist ihm egal.

 **Wann bemerkt Wickie, dass sein Vater verschwunden ist?**

J ☐ während des Abendessens

S ☐ als er abends nach Hause kommt

M ☐ als er morgens aufwacht

6 **Warum glauben die Wikinger, dass ihr Anführer sich noch an Land befindet?**

- C ☐ Weil das Schiff noch da ist.
- E ☐ Weil sie seine Spuren finden.
- V ☐ Weil es zum Segeln viel zu stürmisch ist.

7 **Welche Geräusche hören die Wikinger aus der Höhle dringen?**

- A ☐ Ein Schnarchen und Schnurren.
- Z ☐ Ein Schnarchen und Brummen.
- H ☐ Ein Schnarchen und Knurren.

8 **Was fällt Wickie ein, als Faxe von seinem Hunger redet?**

- K ☐ Dass er selbst Hunger hat.
- A ☐ Dass sein Vater vielleicht auch Hunger hat.
- D ☐ Dass der Bär wohl Hunger hat.

9 **Wickie und die Männer nutzen den leckeren Braten als …**

W ⬜ … Ablenkung für Halvar.
B ⬜ … Trostpreis für Halvar.
F ⬜ … Köder für Halvar.

10 **Warum ist Halvar bereit, ins Dorf zurückzukehren?**

T ⬜ Weil er merkt, dass die Männer ihn vermisst haben.
R ⬜ Weil er Angst hat, nachts im Wald zu bleiben.
O ⬜ Weil Wicke ihn so schlau ausgetrickst hat.

Lösungswort

Hast du alle Fragen beantwortet? Dann trage hier die Buchstaben der richtigen Antworten ein.

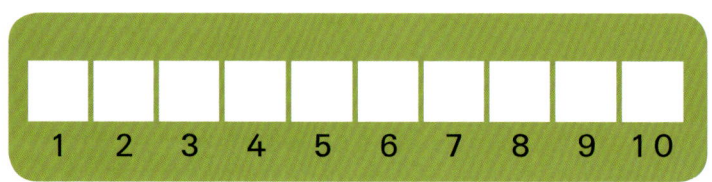

Tipp:
Das Lösungswort hat etwas mit der Geschichte zu tun!

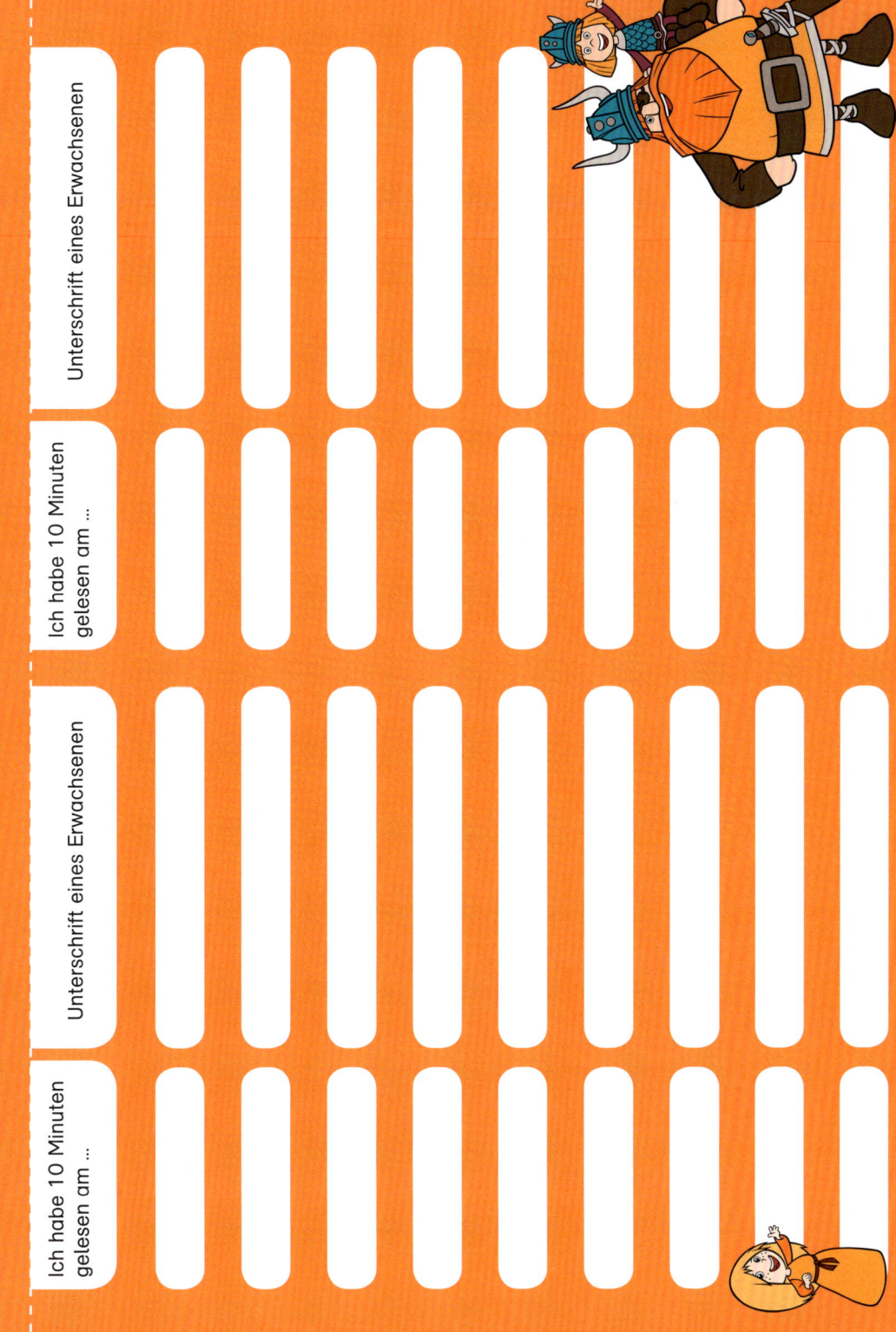

NAME:

WICKIES LESEPASS

Unterschrift eines Erwachsenen

Ich habe 10 Minuten gelesen am ...

Unterschrift eines Erwachsenen

Ich habe 10 Minuten gelesen am ...

NAME:

WICKIES LESEPASS